CP/CE1
cycle 2

Corps et santé

Cahier d'activités
Parcours de lecture

Pascal Dupont
Formateur à l'IUFM Midi-Pyrénées
Sylvie Mangeot
EMF

Gratte, Gratte poux
de Catherine Kalengula

La fausse dent d'Alphonse
de Marianne Chouchan

Hyper l'hippo
de Jean David Morvan et Nicolas Nemiri

Boucle d'Or et les Trois Ours
Conte traditionnel anglais

hachette
ÉDUCATION

AVANT-PROPOS

Ce cahier comporte un ensemble d'activités destinées à accompagner les élèves dans la découverte, la compréhension et les émotions des œuvres complètes du recueil **Le bibliobus cycle 2**.

Il propose des parcours organisés de lecture permettant de lire et comprendre, lire et dire, lire et écrire. Les différentes parties de ces parcours correspondent à un découpage des textes en unités de sens.

Dans le livre, **Le Bibliobus cycle 2**, ce découpage n'est pas marqué formellement. Simplement, comme dans un album, l'alternance entre texte et illustration permet des arrêts de la lecture linéaire pour susciter curiosité et questionnement, favoriser l'anticipation, donner envie de connaître la suite.

Selon le moment de l'année, les textes seront racontés à voix haute par l'enseignant ou lus en autonomie par les élèves. Les textes sont abordés à travers des types d'activités variées afin d'éviter la lassitude d'exercices répétitifs et de soutenir l'appétit de lecture. Celles-ci visent à développer des compétences spécifiques dans le domaine de la maîtrise des langages notamment en ce qui concerne la compréhension.

Dans le cahier d'activités, l'enseignant trouvera les entrées suivantes. Elles sont précédées de consignes simples et accessibles pour guider les élèves.

DÉCOUVRIR : À partir de la couverture et du texte de quatrième de couverture, les élèves, avant de lire l'histoire, émettent des hypothèses, relèvent des indices sur le récit.

LIRE ET DIRE : Des fragments de texte sont sélectionnés afin d'être lus à haute voix par les élèves. Ils s'entraînent à dire un texte en en donnant une interprétation. Ils mémorisent un passage utilisé dans d'autres activités.

LE TEXTE À LA LOUPE : Les élèves répondent oralement à un questionnement qui les aide à construire une représentation claire du texte : De qui ou de quoi parle ce texte ? Qu'est-ce qu'il dit ? À travers les activités proposées, les élèves retrouvent des informations implicites, constituent des réseaux de signification, sont amenés à porter leur attention sur un type de personnage, ses motivations, la structure du texte, la façon dont est racontée l'histoire...

ISBN : 978-2-01-117365-2

JEU DE MOTS : Les élèves découvrent le fonctionnement de la langue et réfléchissent sur son utilisation. Ils s'entraînent à manipuler différents types d'unités, transforment des phrases, classent des mots...

EN DÉBAT : Les élèves reformulent avec leurs propres mots le texte entendu ou lu, sélectionnent les informations importantes, construisent une représentation claire de l'histoire. À travers le débat, ils peuvent mettre à l'épreuve leur interprétation, relier leur lecture à des expériences personnelles.

AU FIL DU STYLO : La lecture d'un texte est indissociable de son appropriation par l'écriture. Les élèves peuvent trouver de nombreux points de départ d'activités d'écriture dans leurs lectures : prolonger un texte, ajouter un épisode ou un dialogue, réécrire un passage. La lecture vient nourrir l'écriture et l'imaginaire des élèves, l'écriture leur permet de porter un regard plus approfondi sur le texte.

DES TEXTES EN RÉSEAUX : Les élèves, en confrontant un texte qu'ils viennent d'écouter ou de lire aux extraits d'autres textes, adoptent un comportement de lecture spécifique qui les conduit à rechercher des analogies et des résonances, repérer des modes de fonctionnement particuliers, découvrir d'autres aspects du texte source. Peu à peu, ils construisent et structurent leur culture.

DOCS EN STOCK : Les élèves recherchent dans le document proposé des informations simples. Le récit est mis en relation avec des connaissances et la réalité, le domaine de la maîtrise du langage avec celui de la découverte du monde.

ÉVALUATION : Une courte évaluation, sous une forme ludique, est proposée pour vérifier la compréhension des élèves.

Le **cahier d'activités Bibliobus** constitue pour l'enseignant un outil qui permet la mise en œuvre concrète des **programmes**. Il complète efficacement un manuel de lecture en donnant toute sa place au domaine de la compréhension en lecture et à la construction d'une **culture littéraire au cycle 2**. Il offre aux élèves des entrées diversifiées dans les textes afin de développer leurs compétences de jeunes lecteurs et de renouveler leur plaisir d'écouter et de lire des histoires.

Pascal Dupont
Formateur à l'IUFM Midi-Pyrénées

Date : ....

Gratte, Gratte poux

pp. 5-19

Je découvre l'histoire

1 Découpe le puzzle (page 41) et reconstitue la couverture de l'histoire.

Je lis et je dis

LIRE ET DIRE

Relis l'extrait suivant du livre (page 16).

Les deux bébêtes ont mal à la tête. La vie de pou, ce n'est pas facile du tout !

Tipou aperçoit une cage :

– Et si on allait sur le hamster ?

Patapou en tombe sur le derrière :

– Voyons, tu n'es pas un pou des bêtes ! Tu es un pou de tête !

1 Entoure en vert ce que dit Tipou.

2 Entoure en bleu ce que répond Patapou.

3 Qui pose une question ? Entoure la bonne réponse.

❒ Patapou ❒ Tipou

4 Complète la phrase.

Les deux poux ne peuvent pas aller sur le hamster, car ce sont

5 Relis le passage à haute voix en changeant de voix pour chaque pou.

J'écris

AU FIL DU STYLO

Imagine que Tipou et Patapou arrivent sur la tête d'un autre élève de CP.

1 Dessine les deux poux sur la tête de cet élève.

2 Quel accident peut arriver à Tipou et Patapou ?

3 Raconte ce qui se passe quand les deux poux arrivent dans les cheveux de cet élève.

Tipou et Patapou s'installent sur la tête de

Quand tout à coup ... il y a un accident de pou.

Je prends la parole

EN DÉBAT

Lis ces informations sur les poux de têtes.

Les poux de tête sont de minuscules insectes qui vivent sur le cuir chevelu humain. Comme les moustiques, ils se nourrissent de sang.

Tout le monde peut attraper des poux. Ils passent d'une tête à l'autre par contact direct ou par des objets comme des brosses à cheveux, des chapeaux, des foulards.

Les œufs des poux s'appellent des lentes.

Pour les éliminer, il faut utiliser un shampoing spécial et peigner les cheveux avec un peigne à dents très fines.

1 De quoi se nourrissent les poux ?

2 Comment s'appellent les œufs ?

3 Comment doit-on faire pour les éliminer ?

4 Entoure ce qui est vrai.

- On peut attraper des poux à l'école.
- Seuls les enfants très sales attrapent des poux.
- Tout le monde peut attraper des poux.
- Les parents ne peuvent pas attraper de poux.

Date : ....

Je lis aussi

Chouette, j'ai des poux !

Il ne lui arrive jamais rien à Minouchette. Et cela la rend très malheureuse. Et puis un jour…

Dans son bain, Minouchette est aux anges. Elle a réussi son coup : il lui est enfin arrivé quelque chose.

Le docteur Ratinski est une vieille amie de la famille.

– Rien de bien méchant, dit-elle, juste une petite parasitose : tu n'iras pas à l'école pendant quelques jours.

– C'est quoi une paraditose ? C'est quand on ne va pas à l'école ? Quand on a un petit coin de paradis ? demande Minouchette.

– Pas une para**d**itose, une para**s**itose. C'est quand on a des parasites.

– Qu'est-ce que c'est les parasites ?

– Ce sont des animaux qui vivent et se nourrissent sur les autres animaux. Comme le ver solitaire, les puces ou les poux que tu as sur la tête.

Jean-Pierre Kerloc'h et Serge Bloch, *Chouette, j'ai des poux,* © *Messidor/La Farandole.*

1 Qu'est-il arrivé à Minouchette ?

2 Entoure le mot qui convient :

paraditose parasitose paramitose

3 Minouchette a-t-elle le droit d'aller à l'école ? Pourquoi ?

Date : ....

Je découvre le monde

As-tu déjà vu quelque chose qui ressemble à cette photo ?

1 Cette photo représente :

- ❒ un animal
- ❒ un monstre
- ❒ un jouet

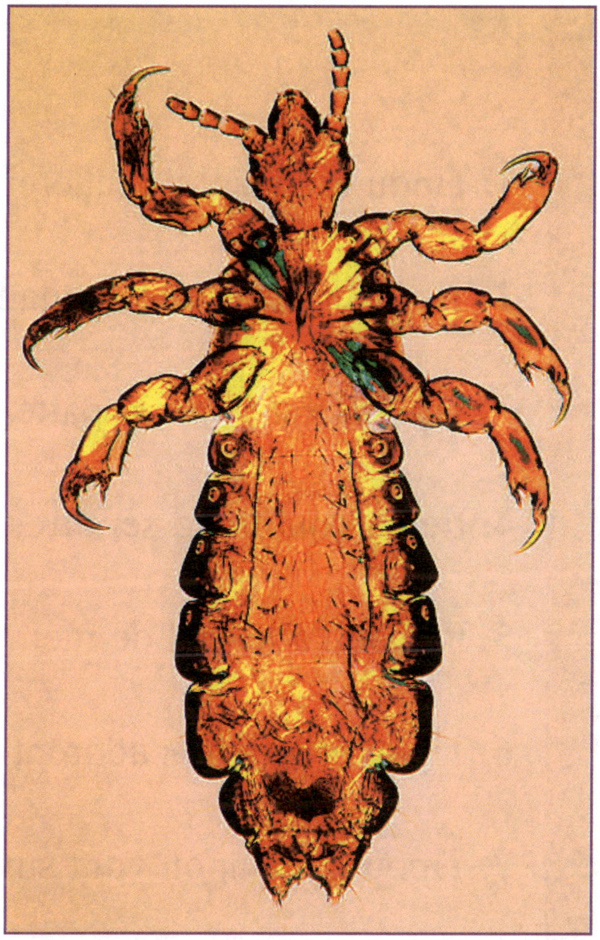

2 Où peut-on le trouver ?

- ❒ dans la mer
- ❒ dans les cheveux
- ❒ dans la jungle

3 Quelle est sa taille réelle ?

- ❒ cinquante centimètres
- ❒ vingt mètres
- ❒ trois millimètres

4 Quel objet pourrait t'aider à t'en débarrasser ?

- ❒ un filet
- ❒ un peigne
- ❒ une lance

5 Tu as deviné que cette photo représente :

Date : ....

Vrai ou faux ?

Coche la bonne réponse.

	V	F
1. Tipou et Patapou recherchent une chevelure parfaite. ...	❒	❒
2. Tipou et Patapou sont dans une classe de CM2.	❒	❒
3. Tipou s'est tordu la patte sur un chouchou.	❒	❒
4. Le garçon blond sent très bon.	❒	❒
5. Patapou a le mal de mer.	❒	❒
6. Tipou et Patapou adorent le produit anti-poux.	❒	❒
7. Tipou et Patapou vont sur le hamster.	❒	❒
8. Tipou et Patapou sont des poux des bêtes.	❒	❒
9. Tipou et Patapou sont des poux de tête.	❒	❒
10. Les têtes de CE1 sont un paradis pour les deux poux.	❒	❒

Date : ....

La fausse dent d'Alphonse

pp. 21-40

Je découvre l'histoire

1 Entoure le titre de l'histoire en rouge.

2 Entoure le nom de l'auteur en bleu.

3 Entoure le nom de l'illustrateur en jaune.

4 En t'aidant du titre, écris les mots en remettant de l'ordre dans les lettres.

P	E	L	O	S	A	H	N

N	D	T	E

....

5 Remets en ordre les mots du titre et recopie-le.

fausse	d'	dent	la	Alphonse
☐	☐	☐	☐	☐

....

Je joue avec les mots

JEU DE MOTS

1 Observe :

« Hier il a perdu une dent de lait. »
« Après le repas, il les emporte dans sa chambre. »

Souligne les mots des phrases qui se prononcent de la même façon.

2 Complète les phrases par dent **ou** dans**.**

- Alphonse a perdu sa ....
- Alphonse va colorier .... sa chambre.
- La petite souris vient chercher la .... sous l'oreiller.
- La petite souris entre .... la chambre et récupère la .... d'Alphonse.

3 Observe le tableau et écris les mots dans les bonnes cases.

garçon argent maman camion

j'entends [õ]	j'entends [ã]
Alphonse	dent

4 Remets en ordre les mots de la phrase et recopie-la.

perdu	Alphonse	de	a	dent	hier	lait.	une
☐	☐	☐	☐	☐	☐	☐	☐

....

J'écris

AU FIL DU STYLO

1 Écris la liste du matériel en t'aidant de l'histoire.

Alphonse a fabriqué une fausse dent avec :	La petite souris a mis une pièce en :
•	• ....
•	
•	

2 Invente à ton tour une liste de matériel pour fabriquer une fausse dent et une fausse pièce.

Alphonse a fabriqué une fausse dent avec :	La petite souris a mis une pièce en :
•	• ....
•	
•	
•	
•	

Dessine ta fausse dent et ta fausse pièce.

Je prends la parole

EN DÉBAT

« Et si la petite souris découvrait ma ***ruse*** ? »

1 Sais-tu ce qu'est une *ruse* ? Cherche ce mot dans le dictionnaire.

Une ruse c'est ....

2 Explique en quoi consiste la ruse d'Alphonse.

Alphonse a imaginé une ruse pour que ....

3 Est-ce que la petite souris a découvert la ruse d'Alphonse ? Comment a-t-elle répondu ?

La petite souris a apporté ....

4 Imagine toi aussi une petite ruse pour que :

- **Le père Noël** passe au mois de septembre... Quels jouets pourrait-il apporter ?

- **Le lapin de Pâques** apporte de bons œufs tous les lundis à la cantine... Comment réagirait le directeur ou la directrice de ton école ?

Je découvre le monde

Observation de la maxi-mâchoire

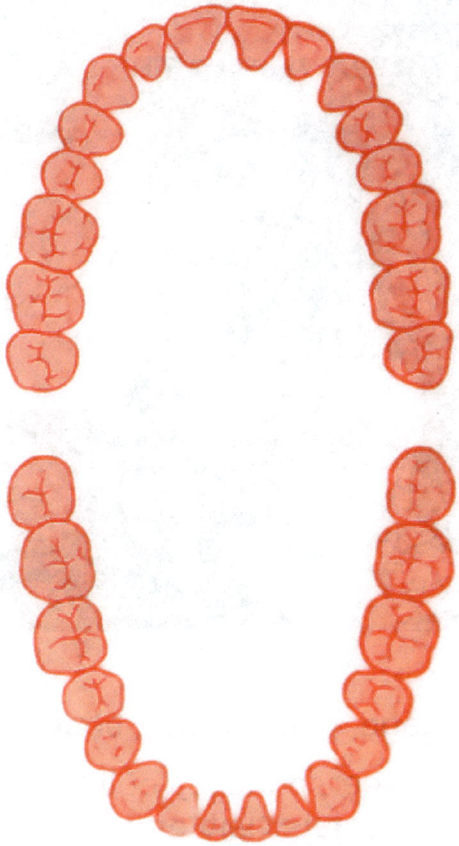

Question : Observation de l'anatomie des dents. Toutes les dents sont-elles identiques ? Quelles sont leurs différences ? Pourquoi ?

Réponse : Les **incisives** sont plates et coupantes : elles servent à couper, croquer.
Les **canines** sont pointues : elles servent à déchirer.
Les **prémolaires** et **molaires** présentent un relief accentué (des creux ou sillons, des pointes ou cuspides) pour retenir les aliments et faciliter leur broyage.

Observe ce document.

1 De quel type de document s'agit-il ? ....

2 Légende ce dessin en collant les étiquettes (page 43) au bon endroit. Ajoute des flèches pour situer les différentes dents.

Date : ....

Je lis aussi une image

La médecine à l'école, Affiche Rossignol.

1 Décris cette image, pour t'aider, observe :

⇛ les personnages et leurs vêtements
⇛ les objets visibles
⇛ ce que font les personnages

2 As-tu déjà passé une visite médicale à l'école ? ....

3 Qui sont les personnes vêtues de blanc ?

....

4 Cite tous les métiers que tu connais qui ont un rapport avec la santé des personnes :

....

....

....

Je lis aussi

Chloé est une souris blanche. Elle vit avec Marie, qui l'aime tendrement. Elles passent des heures à jouer ensemble, et Marie raconte tous ses secrets à Chloé.
Un jour, Marie annonce gaiement :
« Ma dent est tombée, la petite souris va passer ! »
Chloé n'en croit pas ses oreilles. « Souris, quelle souris ? Il n'est pas question qu'une autre souris mette les pattes dans cette maison, ah non, pas question », se dit-elle.

Chloé et la dent de lait, Caroline Pistinier, © Kaléidoscope.

1 Pourquoi Chloé ne veut pas d'autre souris dans la maison ?

2 Imagine et dessine la suite de l'histoire. Que peut faire Chloé pour empêcher une autre souris de venir récupérer la dent de Marie ?

ÉVALUER

Vrai ou faux ?

Coche la bonne réponse.

	V	F
1. Alphonse est un petit garçon.	❒	❒
2. Au début de l'histoire, Alphonse a perdu une dent de lait.	❒	❒
3. Alphonse veut s'acheter un gros camion de pompiers.	❒	❒
4. Alphonse veut écrire à sa copine Lola.	❒	❒
5. La pochette de stylos parfumée coûte deux euros.	❒	❒
6. La vendeuse ne veut pas vendre le gros camion de pompiers.	❒	❒
7. Alphonse achète les stylos parfumés.	❒	❒
8. Alphonse fabrique une fausse dent avec du maïs.	❒	❒
9. Alphonse a perdu une autre dent.	❒	❒
10. La petite souris apporte une pièce en chocolat.	❒	❒

Hyper l'hippo

pp. 41-72

Je découvre l'histoire

1 Recopie le titre de l'histoire.

....

2 Combien de personnages sont représentés sur la couverture ?

....

3 Montre celui qui donne son nom à la bande dessinée en traçant une flèche sur la couverture

4 Dessine-le comme sur la couverture.

5 Que fait-il ?

Je découvre l'histoire

1 **Découpe les étiquettes (page 45) et colle-les sous les personnages.**

2 **Hyper l'hippo est :**

❒ un hippodrome ❒ un hippopotame ❒ un hippocampe

3 **Il s'appelle Hyper parce qu'il est :**

❒ très jeune ❒ tout petit ❒ très grand

4 **Il adore manger :**

❒ des tartines ❒ des algues ❒ du chocolat

5 **Il vit :**

❒ avec Arthur ❒ en Afrique

LIRE ET DIRE

Je lis et je dis

1 Relie la bulle à l'image qui correspond.

SOUVENT, IL RÉUSSIT À SE CACHER SOUS LA TABLE AU MOMENT DU DÎNER.

QUAND C'EST L'HEURE DE LA RÉCRÉ, PERSONNE M'EMBÊTE.

C'EST UN PEU LONG DE LUI BROSSER LES DENTS, MAIS IL NE FAUT PAS OUBLIER !!

JE LUI GARDE TOUJOURS UN PEU D'ALGUES POUR SON GOÛTER.

2 Quel est le personnage qui parle ?

....

3 Lis ces bulles en mettant le ton.

Je comprends

LE TEXTE À LA LOUPE

1 Découpe les textes (page 45) et colle-les dans l'ordre de l'histoire.

1

2

3

4

5

6

7

2 Cette bande dessinée raconte :

❒ une journée d'Arthur et Hyper

❒ une semaine d'Arthur et Hyper

❒ un mois d'Arthur et Hyper

Je joue avec les mots

1 Transforme les phrases comme dans l'exemple.

Exemple : Le matin, **on déjeune** ensemble.
→ Le matin, **nous déjeunons** ensemble.

1. Des fois, on rate le bus.

→ ....

2. On regarde la télé.

→ ....

3. Dans le bain, on rigole bien.

→ ....

2 Lis la phrase : « On est trop bien ensemble. »

3 Entoure le ou les mots que tu pourrais ajouter au début de la phrase :

Arthur   Hyper   Arthur et Hyper   Hyper et moi

4 Recopie maintenant la phrase complète avec ce que tu as ajouté.

Date : ....

J'écris

AU FIL DU STYLO

1 Tu vas dessiner une nouvelle page à la bande dessinée qui racontera une récréation d'Hyper et Arthur.

2 À quoi jouent Hyper et Arthur ?

....

3 Avec qui ?

....

4 Dessine ton histoire, puis ajoute des bulles pour expliquer ce qui se passe.

Je prends la parole

EN DÉBAT

1 **Que fait Hyper sur ces illustrations ?**

Hyper ....

....

2 **Pourquoi les parents d'Arthur ne voient-ils pas Hyper ? Entoure ce que tu choisis.**

Hyper est trop petit. Hyper se cache très bien.

Hyper n'est pas un véritable animal.

3 **Observe la dernière illustration de la bande dessinée. Que remarques-tu ?**

....

....

4 **Peux-tu dire maintenant qui est vraiment Hyper ?**

Hyper est ....

Je lis aussi

Les doudous

Moi, j'ai un lapin que je ne quitte jamais. Mon petit frère, lui, a un vieux morceau de tissus. Les parents disent que ce sont nos doudous.

Il me donne des forces quand je suis seule, comme si mon papa et ma maman étaient là, même s'ils ne sont pas là en vrai.

Sans mon doudou, je ne me sens pas bien, comme si j'avais besoin de lui pour être entière. C'est mon « ami-souvenir ».

Les doudous, texte du Dr Catherine Dolto et Colline Faure-Poirée, illustrations de Frédérick Mansot, Collection « Mine de rien », © Gallimard Jeunesse.

1 Qu'est-ce que les parents appellent des doudous ?

....

2 À quoi sert un doudou ?

....

3 Dans la bande dessinée, pourquoi Arthur aime-t-il Hyper ?

....

4 Et toi, as-tu ou as-tu eu un doudou ? Lequel ?

....

Date : ....

Vrai ou faux ?

Coche la bonne réponse.

	V	F
1. Arthur a un chien qui s'appelle Zoreilles.	❒	❒
2. Arthur dort avec Hyper.	❒	❒
3. Les parents d'Arthur voient tout ce que fait Hyper.	❒	❒
4. Arthur n'arrive jamais en retard à l'école.	❒	❒
5. À la récréation, tout le monde veut être le copain d'Arthur.	❒	❒
6. Arthur donne son dessert à Hyper.	❒	❒
7. Arthur lit une histoire à Hyper avant de s'endormir.	❒	❒
8. À la fin de l'histoire, Hyper part en Afrique.	❒	❒
9. Hyper est un véritable animal.	❒	❒
10. Ce que raconte Arthur est imaginaire.	❒	❒

Date : ....

Boucle d'Or et les Trois Ours

pp. 73-94

Je découvre l'histoire

1 Recopie le titre de cette histoire.

....

2 Écris le titre d'autres contes que tu connais contenant un « mot-nombre » :

....

....

....

....

....

3 Dessine :

Très Grand Ours	Ours Moyen	Tout Petit Ours

Je lis et je dis

LIRE ET DIRE

1 Colle l'étiquette du personnage qui dit...
(étiquettes p. 47)

« Quelqu'un s'est assis sur ma chaise ! »

« Quelqu'un a mangé ma soupe ! et l'a mangée tout entière ! »

« Quelqu'un s'est assis sur ma chaise ! et l'a cassée ! »

« Quelqu'un s'est assis sur ma chaise ! »

« Quelqu'un a touché à ma soupe ! »

2 Lis chaque phrase en adoptant le ton qui convient.

Je comprends

LE TEXTE À LA LOUPE

1 Colle les étiquettes des textes et des images (page 47) dans l'ordre de l'histoire.

Textes	Images

2 Dessine en respectant les proportions :

	Tout Petit Ours	Ours Moyen	Très Grand Ours
le bol de...			
la chaise de...			
le lit de...			

Date : ....

Je joue avec les mots

1 Observe :

« Chaque ours avait un bol pour manger sa soupe. »

Complète les phrases en inventant une suite logique.

- Chaque ours avait un couteau pour ....
- Chaque ours avait une cuillère pour ....
- Chaque ours avait un verre pour ....

2 Observe :

« Chaque ours avait une chaise pour s'asseoir. »

Complète les phrases en inventant une suite logique.

- Chaque ours avait une télévision pour ....
- Chaque ours avait un bureau pour ....
- Chaque ours avait un cartable pour ....

3 Observe :

« La soupe de Très Grand Ours est trop chaude. »
« La soupe d'Ours Moyen est trop froide. »

Trouve les adjectifs contraires qui conviennent.

- La veste de Très Grand Ours est trop large.

→ La veste d'Ours Moyen est trop ....

- Le cartable de Très Grand Ours est trop ....

→ Le cartable d'Ours Moyen est trop léger.

- La tirelire de Très Grand Ours est pleine.

→ La tirelire d'Ours Moyen est ....

J'écris

AU FIL DU STYLO

1 **Relis le début de l'histoire :**

« Il était une fois trois ours qui vivaient dans une petite maison au milieu de la forêt. Il y avait Tout Petit Ours, Ours Moyen et Très Grand Ours. »

2 **Invente à ton tour le début d'un conte. Pour t'aider, complète ce tableau en observant l'exemple.**

Formulettes de débuts de conte	Personnages	Habitations	Adverbes	Lieux
Il était une fois	ours	petite maison	au milieu	forêt

3 **Écris un début de conte.**

, trois qui
vivait au
il y avait ,
et .

Je prends la parole

EN DÉBAT

« Boucle d'Or courut, courut à travers la forêt, croyant les trois ours à ses trousses. Pourtant, si elle avait pu entendre ce que les ours disaient, elle n'aurait pas été effrayée du tout. »

1 **Pourquoi Boucle d'Or est-elle effrayée ?**

....

2 **Cite tous les motifs qui pourraient rendre les ours furieux. Indique le numéro des pages où l'on peut les lire.**

....

3 **Pourquoi Boucle d'Or ne doit-elle pas être effrayée ?**

....

....

« Je pense que c'était une gentille petite fille. »

4 **Penses-tu toi aussi que Boucle d'Or est gentille ?**

....

5 **Que pourrait-on aussi penser d'elle ?**

....

« Je pense que c'était une .... petite fille. »

6 **Complète avec l'adjectif qui convient et relis ta phrase avec la voix de Très Grand Ours.**

adorable	méchante	maladroite	pauvre

Je lis aussi

Il était une fois une famille d'ours qui habitait une jolie petite maison dans une clairière. Il y avait Papa Ours, Maman Ours et Petit Ours...

Mes contes préférés, Peter Stevenson, traduction de Sophie Léger et Hélène Souchon

1 **Lis le début de cette version de Boucle d'Or.**

2 **Observe l'illustration et entoure les objets qui te semblent « bizarres » dans cette histoire.**

3 **Que penses-tu de cette version du conte ? La suite va-t-elle être :**

❒ triste ❒ bizarre ❒ drôle

Explique pourquoi.

Date : ....

Je découvre le monde

Courbe de croissance

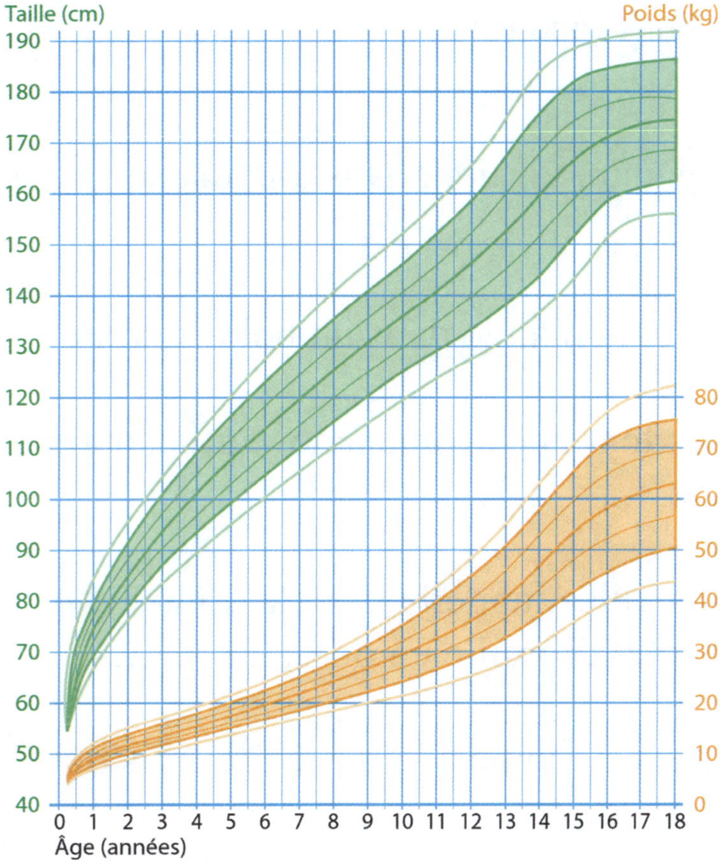

1 As-tu déjà rencontré ce type de document ? De quoi s'agit-il ?

....

2 Sais-tu d'où il peut provenir ?

....

3 À quoi sert-il ?

....

....

4 Avec ton crayon à papier, tu peux indiquer ton poids et ta taille et le reporter sur le document.

Date : ....

VF Vrai ou faux ?

Coche la bonne réponse.

	V	F
1. Les trois ours vivaient dans une maison au bord de la forêt.	❐	❐
2. Chaque ours mange dans un bol différent.	❐	❐
3. Les ours font une promenade, car la soupe n'est pas chaude.	❐	❐
4. La petite fille s'appelle Boucle d'Or à cause de ses boucles d'oreille en or.	❐	❐
5. Boucle d'Or frappe à la porte des trois ours avant d'entrer.	❐	❐
6. Boucle d'Or mange la soupe de Tout Petit Ours.	❐	❐
7. Le coussin de Très Grand Ours est trop mou.	❐	❐
8. Boucle d'Or casse le bol de Tout Petit Ours.	❐	❐
9. Boucle d'Or s'endort sur la chaise de Très Grand Ours.	❐	❐
10. Tout Petit Ours se met à pleurer lorsqu'il voit sa chaise cassée.	❐	❐

Étiquettes
Gratte, Gratte poux

page 4

page 6

Étiquettes

La fausse dent d'Alphonse

page 15

Alphonse a fabriqué une fausse dent.

Alphonse a perdu une dent de lait.

La petite souris apporte une pièce de deux euros.

La petite souris apporte une pièce en chocolat.

page 19

canines	canines
incisives	incisives
prémolaires	prémolaires
molaires	molaires

Étiquettes
Hyper l'hippo

page 24

Hyper l'hippo	Arthur

page 27

Je lui garde toujours un peu d'algues pour son goûter.

Dans la classe, la maîtresse lui a laissé un pupitre à côté du mien.

Le matin, c'est lui qui me réveille pour aller à l'école.

Le soir on fait nos devoirs ensemble.

Pendant que je prends mon petit déjeuner, il m'attend dans la cage de l'escalier.

Avant de s'endormir, je lui lis une petite histoire.

Des fois on rate le bus mais on n'arrive jamais en retard à l'école.

Étiquettes
Boucle d'Or et les Trois Ours

page 33

page 34

Arrivée en haut de l'escalier, elle vit une très jolie chambre à coucher avec trois lits.	
Elle sauta de joie lorsqu'elle vit la soupe du déjeuner sur la table.	
Elle se mit alors à la recherche d'une chaise pour s'asseoir et finir confortablement le bol de soupe.	

PAPIER À BASE DE FIBRES CERTIFIÉES

hachette s'engage pour l'environnement en réduisant l'empreinte carbone de ses livres. Celle de cet exemplaire est de :
500 g éq. CO_2
Rendez-vous sur www.hachette-durable.fr

Édition : Janine Cottereau
Iconographie : Anne Pekny
Illustrations : Joëlle Passeron *(Gratte, Gratte poux)*, Kim Phan Dinh *(La fausse dent d'Alphonse)*, Francine Vergeaux *(Boucle d'Or et les Trois Ours)*, Laurent Rullier *(graphique page 39)*
Logos : Florence Delclos
Création de la couverture : Estelle Chandelier avec une illustration de Joëlle Passeron
Réalisation de la couverture : Créapass, Paris
Maquette intérieure : Michèle Bisgambiglia, Créapass
Réalisation : Créapass, Paris

Crédits photographiques, page 11 : © J.-C. Revy/I.S.M.
page 19 : Dessin de la maxi-mâchoire fourni aimablement par l'UFSBD (Union Française pour la Santé Bucco-Dentaire)

Achevé d'imprimer en Espagne par UNIGRAF
Dépôt légal : Mai 2014 - Collection n° 73 - Édition 04
11/7365/7